Dead
Flies

Dead
Flies

Eduardo
Embry

STACK
BOOKS

Smokestack Books
1 Lake Terrace, Grewelthorpe, Ripon HG4 3BU
e-mail: info@smokestack-books.co.uk
www.smokestack-books.co.uk

ISBN 9781916012127

Smokestack Books
is represented
by Inpress Ltd

Para el poeta Andy Croft, Michal Boncza, y
Penélope, arriba los pueblos del mundo...

To the poet Andy Croft, Michal Boncza, and Penelope, long live the people of the world...

Indice

Contents

Talca, París y Londres

'La sangre negra [...] estaba
en Chile muy debilitada por [...]
el clima adverso.'
Francisco Antonio Encina

Al llegar a Waterloo
oí las voces de mis antiguos
profesores de historia y geografía de Chile
que envueltos en abrigos y bufandas
decían con orgullo de chilenos bien plantados:
'en este país no hay negros
porque su consistencia física
no les permitió resistir nuestro
riguroso clima invernal'.

al llegar a Waterloo
nevaba mucho
y la nieve que caía
era muy gruesa y dolorosa para mi piel mestiza:
los negros del metro,
envueltos en abrigos y bufandas
me daban la bienvenida,
ellos hablaban
por los negros muertos de frío
en las páginas
muy bien resumidas
de la 'Historia y geografía del Reyno de Chile'.

Talca, Paris and London

'The adverse climate [...]
in Chile proved very debilitating
for those of black blood[...]'
Francisco Antonio Encina

On arriving in Waterloo
I could hear the voices of my former
teachers of Chilean history and geography
who, wrapped in coats and scarves,
spoke with pride as fine, genteel Chileans:
'In this country there are no blacks
because their physique
meant that they could not withstand our
harsh winter weather'.

When I arrived at Waterloo
there was a blizzard blowing
and the falling snow
was very thick and painful for my half-caste skin:
the black guys on the underground,
wrapped in coats and scarves
welcomed me,
they spoke
for the black guys who died from the cold
on the very well summarized pages
of the history and geography of the Kingdom of Chile.

Curriculum vitae

Se ha presentado a la puerta de mi casa
uno de mis poemas, el más pendejo de todos,
el para atrás y para adelante, el que saca chispas
a las tablas del suelo, ha llegado para decirme 'Basta ya';
con el cortaplumas en la oreja
presenta su nuevo curriculum vitae.
– Ahora soy, explica,
un poderoso antivirus;
por experiencia tú lo sabes,
actualmente es importante
tener en tu computadora un software eficaz,
alguien de tu absoluta confianza,
entre tantas opciones a elegir, no te confundas,
apenas me veas me reconocerás:
soy yo, tu ángel de la guarda,
tu dulce compañía que no te abandona
de noche ni de día;
eres un garbanzo, no soy un garbanzo;
eres una patata, no soy una patata,
eres una pepita de ají, no soy una pepita de ají,
eres el pastito verde de mi patria, no soy el pastito verde de tu patria,
soy uno de tus poemas más pendejos,
el para delante y para atrás, el que saca chispas
a las tablas del suelo,
soy tu nuevo y secreto antivirus.

Curriculum vitae

Here he is, at my front door,
one of my poems, the crappest of the lot,
the one that goes backwards and forwards,
scrubbing the floorboards, has come to tell me
'I'm up to here with this, mate';
with his penknife behind his ear
he hands in his updated CV.
Now I am, he explains,
a powerful antivirus;
you know from experience
that currently it is important
to have effective software on your computer,
someone absolutely trustworthy,
with so many options to choose from,
don't pick the wrong one,
you'll recognise me straight away:
it's me, your guardian angel,
your sweet companion always by your side,
by night and by day.
You're a chickpea, I'm not a chickpea;
You're a potato, I am not a potato;
You're a seed of chili pepper, I am not a seed of chili pepper;
You're the green grass of home, I am not the green grass of home;
I am one of your crappest poems,
the one that goes backwards and forwards,
scrubbing the floorboards,
I am your new secret antivirus.

Marchar

Marchar, marchar y marchar,
porfiadamente marchando,
desde 1964, marchando y marchando,
aquí conocí a mi novia,
marchando conocí a mis amigos,
marchando llevé pliegos de peticiones,
marchando rompí zapatos,
perdí una chaqueta, la mejor
que yo tenía, la dejé olvidada con las pancartas,
marchando dejaré mis huesos,
sentiré dolores en la espalda;
cada vez que marchamos
no pasamos más allá de la raya,
debajo del pavimento
aplauden nuestros muertos;
deshicimos la marcha,
marchamos al revés,
retrocediendo llegamos
al punto de partida,
tuve como nunca muchos amigos,
fueron tiempos de fortaleza
y de mucho amor,
aquí fue donde conocí a mi novia,
yo le dije emocionado
mañana, volveremos a la marcha,
y todavía hoy, incansablemente,
seguimos marchando.

Marching

Marching and marching and marching,
stubbornly marching,
ever since 1964, marching and marching,
here I met my girlfriend,
marching I met my friends,
marching I carried petitions,
marching I broke my shoes,
marching I lost a jacket, the best one
I had, I left it behind with the banners,
marching I will leave my bones,
I will get backache,
every time we march
we don't overstep the mark,
under the ground
our dead applaud;
we undid the march,
and marched in the opposite direction,
going backwards we arrived
at the starting point,
I had more friends than ever,
they were times of strength
and a lot of love,
this is where I met my girlfriend,
I said excitedly
tomorrow, we will go back to the march,
and still today, tirelessly,
we go on marching.

Detrás de las flores

Mis padres salieron y no volvieron a casa;
para saber dónde se hallaban
me fui a las oficinas del gobierno,
nadie sabía dónde estaban;
pero no me cansé de buscarlos:
me imaginé que se encontraban bien,
en una casa completamente vacía,
llena de luz, con baño
y ducha refrescante;
mi madre, con sus pies calientitos,
mi padre había dejado el cigarrillo,
masticaba patillas de eucalipto;
aunque nunca supe
dónde se hallaba aquella casa,
mis padres aparecieron en el jardín,
corriendo, yo los perseguía,
no podía alcanzarlos;
para que se quedaran conmigo,
dejé que el jardín entrara a la casa;
detrás de las flores, los desaparecidos
bebieron una taza de té.

Behind the flowers

My parents went out and never came back,
to find out where they'd got to
I went to the government offices,
nobody knew where they were;
but I didn't stop looking for them:
I imagined they were alright
in a completely empty house
full of light, with a bath
and a refreshing shower;
my mother, with her feet nice and warm,
my father had stopped smoking,
and was chewing eucalyptus sprouts;
although I never found out
where that house was,
my parents appeared in the garden,
I ran after them,
but I couldn't catch them;
so that they would stay with me,
I let the garden into the house;
behind the flowers, the disappeared
drank a cup of tea.

Dicho al revés

No hay mejor compañía
en los grandes aprietos
que un corazón bueno
con nervios de acero

que nunca se rinda ante el infortunio
que acaba insoportable

el que se conoce a sí mismo
socorre a su flaqueza

el discreto en todo lleva la victoria,
con un solo brinco
ahora mismo podría tocar las estrellas

escribiendo estos versos
me divierto, olvido mi pobreza,
pero no así el sueño que tengo de
ver este mundo que todo al revés
se tumba.

Said backwards

In huge predicaments
there is no better company
than a good heart
with nerves of steel

that never surrenders to misfortune
that ends up unbearable

he who knows himself
succours his weakness

he who is discreet wins every time,
with just one jump
right now he could touch the stars

writing these verses
I have fun, I forget my poverty,
but not so the dream that I have of
seeing this world turn
the other way round.

Magritte pasa montado encima de una roca

'Los delfines treparon por los árboles [...]
Leones, tigres, jabalíes!'
Publio Ovidio Nasón

Este Magritte del diablo
se me ha metido en la cabeza,
por más que la agito, no sale,
navega por mis venas,
por más que me hiere y sangro
pasa de un lado al otro de mi corazón;
Magritte bombea en mi pecho y se agita,
ni con aspirinas se calma,
Magritte anda conmigo
en bicicleta de una sola rueda,
y cuando freno bruscamente, no
se cae de mi cabeza;
como la naranja o el limón en invierno,
Magritte es bueno para la salud,
me lo tomo a cucharaditas
antes y después de las comidas;
con él me llevo a la boca las flores del jardín,
Magritte es una sonrisa en un día
excepcionalmente lleno de sol,
Magritte es un sábado feliz lleno de locura,
por ti, mujer de mi encanto, Magritte lleva tu nombre,
Magritte es mi hermano tocando guitarra
en una banda del olvido,
Magritte es un gol
hecho con la mano de Dios,
Magritte es toda una hinchada
celebrando la victoria.

Magritte rides by on a rock

'The dolphins climbed the trees [...]
Lions, tigers, wild boars!'
Ovid

That blasted Magritte
has got inside my head,
no matter how much I shake it, he doesn't come out,
he sails along my veins,
no matter how much he hurts me and makes me bleed
he crosses through my heart from side to side;
Magritte thuds in my chest and gets agitated,
not even aspirins calm him down,
Magritte rides with me
on a one-wheel bicycle,
and when I brake sharply,
he doesn't fall off my head;
like orange or lemon in winter,
Magritte is good for your health,
I take spoonfuls of him
before and after meals;
with him I lift the garden flowers to my mouth,
Magritte is a smile
on an exceptionally sunny day,
Magritte is a happy Saturday full of madness,
for you, my love, he bears your name,
Magritte is my brother playing the guitar
in a forgotten band,
Magritte scores a goal
with the hand of God,
Magritte is the fans
celebrating victory.

Lebu

La tierra tiene la forma
de la bodega oscura de un barco;
para pasar el hambre
dábamos nombres
de vegetales a los dedos:
éste es una cebolla,
éste otro, una zanahoria,
éste, un frijol para tirarse peos,
y éste, el más pequeño,
era un granito de arroz;
no permitíamos que los marinos
participaran en el juego,
podrían haberse comido
todos nuestros dedos.

Prison ship Lebu

The earth has the shape
of the dark hold of a ship;
to stave off our hunger
we gave our fingers
the names of vegetables:
this little finger's an onion,
this little finger's a carrot,
this one, a bean to make you fart,
and this, the tiniest little finger
was a grain of rice;
we didn't let the marines
join in the game,
they'd have gobbled up
all our fingers.

No es que mi casa

No es que mi casa
fuera la casa del Presidente de mi país,
ni es que la casa del Presidente
fuera realmente mi casa.
Ni es que los aviones
que bombardeaban la casa del Presidente
bombardearan realmente mi casa,
ni es que esos aviones
que bombardeaban mi casa
no fueran aviones de mi propio país.
Ni es tampoco que esos aviones
que bombardearon la casa del Presidente
fueran aviones que bombardearan
la casa del presidente de otro país.
Ni es que ponga en duda
la habilidad de una bomba
para destruir y reconstruir la casa de un presidente.
Lo que ahora me quita el sueño
es la cara de sorpresa de su Majestad
la Reina Isabel II
cuando le preguntemos:
'¿qué país es la Inglaterra de Sudamérica?'

It wasn't my house

It's not as if my house
were the house of my country's President,
nor is it as if the President's house
were really my house.
Nor is it as if the jets
which were bombing the President's house
were really bombing my house;
nor is it as if those planes
which were bombing my house
were not my own country's planes.
Neither is it that those planes
which bombed the President's house
were planes which bombed
the house of another country's president.
It isn't as if there's any doubt that a bomb
can destroy and rebuild a president's house.
What keeps me awake right now
is the thought of the face
of Her Majesty Queen Elizabeth the Second
when we ask her:
'Which country is it that they call
the England of South America'?

Crisis

Aquí nadie se arroja de los ventanales
envuelto en acciones sin valor:
como es costumbre en tiempos de crisis,
los autores del apocalipsis financiero
se esconden detrás de los arbustos
de humo y viento,
desaparecen por encanto,
y en medio de toda esta lesera,
los magnates se entretienen
matando con saña
a sus mujeres.

Crisis

Here nobody leaps from high-rise windows
wrapped in worthless dollar bills:
as usual in times of crisis,
the authors of the financial apocalypse
hide behind the bushes
of smoke and wind,
disappear by magic,
and in the midst of all this stupidity
the tycoons while away their time
viciously killing
their wives.

Moscas muertas

Ahora pasamos al capítulo
de las falsas moscas,
es decir, aquellos insectos
que sin ser moscas se les llama
impropiamente moscas;
como decir detectives
a los falsos detectives;
las moscas porta-sierra
son del mismo grupo de las abejas,
avispas y hormigas;
las moscas de mayo no son moscas;
las moscas de las piedras;
las moscas escorpiones;
las moscas blancas;
las moscas españolas son coleópteros
y las moscas de la humedad
son mosquitos;
a lo largo del territorio nacional,
existen las moscas muertas
aunque se les llama moscas,
tampoco están realmente muertas.

Dead flies

Now we come to the chapter
about false flies,
i.e. insects
which they call flies
even though they aren't;
like calling fake detectives
private investigators;
sawflies
belong to the same group as bees,
wasps and ants;
mayflies are not flies;
stoneflies;
scorpionflies;
whiteflies;
Spanish flies are coleopterans,
and gnats
are mosquitoes;
throughout the whole country,
there are dead flies
although they are called flies,
they are not really dead either.

Macartismo

La práctica del macartismo era acusar
de deslealtad a la patria,
a personas sospechosas de ser comunistas;
sin debido respeto a los derechos del acusado,
el senador Joseph McCarthy desembocó
en los años cincuenta un extendido proceso de delaciones,
acusaciones infundadas, denuncias e interrogatorios,
procesos irregulares y listas negras;
en estos días de adelantos de la nueva tecnología,
todo parece más transparente, nadie persigue a nadie,
los teléfonos no son intervenidos,
los email salen de un emisor
y llegan rápidamente a su destino
sin pasar por la censura;
mi mujer que adoro tanto,
no sospecha de mi deslealtad,
no me tilda de comunista,
no hace listas negras con el nombre de mis amigas
y amigos sospechosos;
no amenaza con mandar mis huesos a Guantánamo,
menos mal, vivimos felices
ajenos a esas horrorosas prácticas del pasado.

McCarthyism

Under McCarthyism it was usual to make accusations
of disloyalty to the homeland
against people suspected of being communists;
without due respect for the rights of the accused
senator Joseph McCarthy opened
in the fifties a widespread process of betrayals,
baseless accusations, denunciations and interrogations,
partisan court cases and blacklists;
in these days with the advances of new technology
everything seems more transparent, no-one persecutes anyone,
the telephones aren't bugged
the emails leave the sender
and rapidly reach their destination
without passing through censorship;
my wife who I adore so much,
doesn't suspect my disloyalty,
doesn't call me a communist,
doesn't assemble blacklists with names of my women friends
and suspect friends;
she doesn't threaten to send my bones to Guantanamo,
thankfully, we live happily
oblivious to those dreadful practices of the past.

¿Cómo no venís, amiga?

Tema de la poesía lírica medieval

Si no quisiere venir,
pues, no venga,
pero si quisiere
y nada le ate,
si quisiere, amiga,
puertas
y brazos
están abiertos,
quieto está el río,
el cielo es inmenso;
ángeles del bosque
hablan de ella,
la noche se hace oscura,
ya está conmigo,
se oyen sus quejas.

Why don't you come along, my friend?

after a mediaeval lyric

If you don't want to come,
well, don't come,
but if you want to
and there's nothing stopping you,
if you want to, my friend,
doors
and arms are open wide,
the river is still,
the sky is immense;
the angels of the forest
talk about her,
the night becomes dark,
now she is with me,
her sweet laments can be heard.

El martillo

al inspirador, Joaquín Lavado, Quino

Con el martillo que se había encontrado
se fue pensando y pensando en clavar un clavo,
pero en vez de clavo que clavar con ese martillo
se topó con una rosca;

con esa rosca que se había hallado
se fue pensando y pensando en un desatornillador;
pero en vez de desatornillador
con qué atornillar esa rosca,
dio con una llave francesa,

con esa llave francesa que se había topado,
se fue pesando y pensando en una tuerca;
pero en vez de tuerca que ajustar con esa llave
dio, por fin, con aquel clavo que andaba buscando

y con ese clavo que se había encontrado
se olvidó de la rosca y del desatornillador,
de la llave francesa y de la tuerca,
y se fue pensando y pensando
¿cómo hallar otra vez aquel martillo
que una vez y sin querer, se había encontrado?

pero en vez de martillo
con que clavar ese clavo,
se puso por delante un usurero
que ya había puesto precio al martillo
y lo ofrecía en el Mercado.

The hammer

for the inspiring Joaquín Lavado, Quino

With the hammer he had found
he kept thinking about driving in a nail,
but instead of a nail to drive in with that hammer
he came across a screw;

with that screw he had found
he kept thinking about a screwdriver;
but instead of a screwdriver
to screw in that screw with
what he found was a spanner;

with the spanner he had come across,
he kept thinking about a wingnut;
but instead of a wingnut to adjust with that spanner
he finally found that nail he was looking for

and with that nail that he had found
he forgot all about the screw and the screwdriver,
the spanner and the wingnut,
and kept on thinking
about how to find that hammer
that he had once come across by accident?

But instead of a hammer
to hammer in that nail with,
he was confronted by a broker
who had already put a price on the hammer
and put it up for sale on the Market.

Los muertos de la quinta región

Los muertos de la quinta región
pasarán sin sobresaltos todo lo que queda del siglo XXI;
se convertirán en almohadas, en sábanas extendidas,
en catres arrugados, según la dirección del viento, en
bicicletas que llevan sillines en ajustados pelotones,
veloces van dentro de sus casas;
escondidos debajo de las ramas
hacemos chistes
de mi nariz larga y de tus ojitos pequeños,
la tierra cuando quiere es blanda para todos,
barriga con barriga las campanas
se vuelven locas; así se espanta el miedo,
qué dulces son los reptiles
que reconstruyen el color de la hierba;
cuando salgamos a tomar el sol,
los muertos de la quinta región
ya no mostrarán sus piernas humilladas.

The dead from region V

For the dead from region V
the rest of the 21st century will pass smoothly;
they will turn into pillows, into nice smooth sheets,
into crumpled beds, according to the direction of the wind,
into bicycles with saddles, in closed groups,
returning home fast;
hiding under the branches
we make jokes
about my long nose and your small eyes,
the earth when it wants is soft for everyone,
breakfast in bed, the bells
go mad; this scares fear away,
how sweet are reptiles
that reconstruct the colour of the grass;
when we go out to sunbathe,
the dead from region V
will no longer show their humiliated legs.

Felices se mueven los árboles

En medio de esta isla, zumba el viento;
no sé de dónde viene el viento;
los viejos árboles con dignidad se balancean,
algunos crujen, otros
mueven ferozmente sus ramas,
saben lo que está pasando en la selva del Brasil,
dialogan con los otros árboles
sobre la idea general de la naturaleza:
que ninguno se tumbe,
que ninguno se incendie;
en medio de la batahola
de árboles contra el viento,
ramas y hojas decididamente
vociferan:
¡aún tenemos patria, compañeros!

The trees jiggle around happily

In the middle of this island, the wind hums;
I don't know where the wind comes from;
the dignified old trees sway,
some creak, others
ferociously move their branches,
they know what's happening in the Brazilian rainforest,
they talk to other trees
about the general idea of nature:
let none fall down
let none catch fire;
in the middle of the pandemonium
of trees against the wind,
branches and leaves shout out
resolutely:
We still have a land to live in, comrades!

Erudición

Yo tengo un profesor magnífico,
con quien he sacado las mejores notas,
con una lupa iluminada
veía todo aquello que nadie podía ver:
de cada vuelta que daba
a las hojas del manuscrito,
como chispas, como humo, como el viento,
con la punta del alfiler
iba sacando angelitos,
leyendo sus secretos mensajes,
a veces, diabluras indecentes
de los curas y las monjas
de la Edad Media,
la tarea que nos daba era predecible:
conjugar episodios de aquel entonces
con los noticieros
de la prensa de hoy;
no sé cómo salía tanta maravilla
de los ojos de aquel viejo profesor
que cuando hablaba
miraba hacia las nubes
como si cayera del cielo a su cabeza
todo lo que sabía.

Erudition

I have a magnificent teacher,
with whom I got the best grades,
with an illuminated magnifying glass
he saw everything that nobody else could see:
each time he turned over
the pages of the manuscript,
like sparks, like smoke, like the wind,
he picked up little angels
with the tip of a pin,
reading their secret messages,
sometimes, naughty goings on
among the monks and nuns
of the Middle Ages;
the homework he gave us was predictable:
to conjugate episodes from those times
using the headlines
from today's press;
I don't know how so much wonder came
from the eyes of that old professor
who when he spoke
looked up to the clouds
as if everything he knew
was falling onto his head from the sky.

Los enfermos

Los débiles ensucian el suelo,
los vulnerables se secan la nariz
con la manga de su camisa,
los enfermos no son doctores,
pero saben más que ninguno:
sólo ellos sienten mejor sus dolores;
en caso de incidentes
los débiles serán culpables,
porque no saber
mover bien sus papeles;
los débiles
descalzos entran a las casas;
saltando en un pie aprenden
a no ensuciar el suelo con el otro zapato;
los vulnerables se secan la nariz
con un pañuelo; los doctores
aprenden de los enfermos;
los enfermos se dejan llevar
en sillas de ruedas;
irritan los hospitales,
naves transparentes
que navegan sin tripulantes;
para esta ocasión
las enfermeras se visten de azul.

The sick

The weak make the floor dirty,
the vulnerable wipe their noses
on their shirt sleeve,
the sick are not doctors,
but they know more than anyone:
only they feel their pain properly;
in the event of any incidents
it must be the fault of the weak,
because they're no good
at moving their papers around;
the weak ones
enter the houses barefoot;
by jumping on one foot they learn
not to dirty the floor with the other shoe;
the vulnerable wipe their noses
with a handkerchief; the doctors
learn from the sick;
the sick get carried away
in wheelchairs;
hospitals are annoying,
they're transparent ships
with no crew;
for this special occasion
the nurses dress in blue.

Hoi e visto una fotografía del Mío Cid Campeador de rodillas

Hoy
e
visto
fotografías
del Mío Cid Campeador de rodillas
¿cómo es que este aerolito ha venido
a caer a estas tierras?
Su barba a su pecho pegada
humildísimo de rodillas rogando
tras suyo
cientos de aquesta compaña,
tras el monje otros cientos
i tras de aquesta – sobre los torreones-
treszientas lanzas
que todas llevan pendones,
i tras el monje que lleva los aceites
(en fotografías
del Life en colores lo he visto)
el ome rico de la espada
que abre i cierra – abre y vuelve a cerrar –
caxa de ajenos caudales.

Today I saw a photograph of El Cid on his knees

Today
I
saw
a photo
of El Cid on his knees
However did this meteorite
come to fall here?
His beard on his chest
all humble on his knees
begging
with hundreds of his company behind him,
and behind the priest
celebrating victory
a few hundred more, and behind them – on the watchtowers –
three hundred lance-bearers
all carrying banners,
and behind the monk with the oil,
(I've seen it in photos)
the rich man who opens and closes
– time and time again –
opens and closes his treasure chest.

Uno se levanta con la certeza absurda

A veces uno se levanta
con la certeza absurda
que detrás del aire
no existe nadie más que el aire;
alguien que entró en los bosques
al salir, ha dejado la puerta abierta,
los árboles hombrones, llenos
de experiencia verde, aprovechan
el accidental olvido,
entre ramas y hojas andando
escapan conmigo, somos un
batallón libertario
que cantando canciones
de guardabosques y leñadores
entramos a la ciudadela sorprendida,
nos tomamos todas las cervecerías
que aún están abiertas,
hacemos por fin que el mundo
amanezca diferente.

One gets up with the most absurd conviction

Sometimes
one gets up
with the most absurd conviction
that behind the air
there's nothing more than air;
someone who went into the wood
left the door open when they came out,
tough trees, full of
experience, take advantage of the oversight,
and walk along
between branches and green leaves,
escaping with me, we are
a battalion fighting for freedom
singing miners' and bricklayers' songs
we take the fortress by surprise,
occupying all the bars
that are still open,
once and for all making the world
a different place in the morning.

Dios se desplaza como una motocicleta

Si he de decir la verdad,
Dios está fuera del universo;
se puede observar igual
desde cualquier punto de vista;
no es invisible, en todas
partes se puede ver; dios
es una materia rara,
cuando se desplaza
no se mueve, y cuando
se mueve, es como
una motocicleta,
produce grandes explosiones
que van creando
nuevos universos;
antes que yo pronuncie
la palabra dios
a toda velocidad,
dios ya no existe.

God moves like a motorbike

To tell the truth,
God is outside the universe,
you can see him the same
from any viewpoint;
he is not invisible, he can be seen
everywhere; god
is strange matter,
when he travels
he does not move, and when
he moves, it's like
a motorbike,
he produces huge explosions
that create
new universes;
before I get to say
the word god
at top speed
god already does not exist anymore.

Próstata

Tengo en mi próstata
palabras ardientes
que aún no conocen
vocales ni consonantes,
palabras antiguas que vienen
de Francia, más exactamente
volando vienen de París a Londres,
del tiempo de la persecución
de los hugonotes
que han de pasar nadando
el canal de la Mancha,
palabras alegres o palabras llenas de llanto;
camino al exilio,
minúsculos pececillos,
muchos se ahogaron en su intento
de remontar las aguas
porfiadamente al revés;
miro hacia atrás, ahí está mi pobre próstata perseguida,
es un pájaro que tiembla de miedo.

Prostate

I have in my prostate
fiery words
that do not yet know
vowels and consonants,
old words that come
from France, or to be precise,
fly from Paris to London,
from the time of the persecution
of the Huguenots
they have to swim
across the English Channel
cheerful words or words full of tears;
on the way to exile;
tiny minnows,
many drowned in their attempt
to swim the waters
obstinately against the current;
I look back, there is my poor persecuted prostate,
it is a bird trembling with fear.

Eiemplo del manuscrito que con el agua se borra

Este es un manuscrito que con
el agua pura de la memoria,
día a día, se está borrando;
en archivos medio borrosos
me lo encontré, aunque no era
una tortilla loca, rodaba como si lo fuera;
debajo de una mesa, o de una silla,
con el pie la detuve,
y no es que fuera realmente
un racimo apiñado y denso,
sin muchas preguntas, muy suavemente
qué delicioso manuscrito fuera,
quise poner su vino en mi boca,
pero como no lo alcanzaba,
me dije: 'estas uvas ya no me gustan';
este es uno de los pocos manuscritos
más antiguos que se conocen
que con agua pura de la memoria
se borra.

Example of a manuscript erased by water

This is a manuscript
that is erased every day
by the pure water of memory;
I found it in rather
blurred archives, and although
it was no bread roll, it rolled like one;
under a table or a chair,
I stopped it with my foot
not that it was really
a tightly packed bunch of grapes
although it was for me,
without too many questions, very gently,
what a delicious manuscript it was,
I wanted to bring its wine to my lips,
but as I couldn't reach
I said to myself 'I don't like these grapes';
this is the manuscript, one of the few
really old ones known to exist
that is erased
by the pure water of memory.

Inmigrante

Antes de la llegada de los turistas a Londres,
el caballero que soy, sin barba,
de rostro alegre, como quien va diciendo un chiste,
es el primero que cruza el puente levadizo
que lleva a la Torre de Londres;
este es el premio de consuelo que uno recibe
por estar aquí, de pisar antes que nadie
estos magníficos paseos ingleses,
de ver libremente lo que otros, para verlo,
tendrán que venir de muy lejos,
sea montados en camellos,
en pájaros maravillosos, en avionetas, o en
autobuses, de un momento a otro,
como animales hambrientos
con pantalones cortitos, toda esa gallada
cruzará el canal de La Mancha;
nosotros que hemos tenido la suerte
de estar aquí antes que nadie,
pondremos alfombra roja
para que todo luzca impecable,
para que se lleven lindas fotografías
de la capital del imperio;
con un trapito amarillo de limpiar los coches
y con un poquito de escupo,
quitaremos las manchas
de las aguas turbias del río Támesis.

Immigrant

Before the tourists arrive in London,
being the gentleman that I am, well-shaven,
cheerful-looking, like someone telling a joke,
I get to be the first to cross the drawbridge
leading to the Tower of London;
this is the consolation prize one receives
for being here, walking before anyone else
along these magnificent English paths,
looking freely at what others
will have to come from far away to see,
whether riding on camels,
on wonderful birds, in small planes, or by
bus, from one moment to the next,
like hungry animals
in shorts, all those guys
cross the English Channel;
we who have had the luck
to get here before anyone else,
will lay out a red carpet
so everything looks impeccable,
so that they can take back nice pictures
of the capital of the empire;
with a yellow duster for cleaning cars
and a little spit,
we will remove the stains
from the murky waters of the River Thames.

X Salmo

Los trabajadores claman,
los señores no los oyen,
no los libran de sus angustias,
nuestras demandas,
nuestros pliegos de peticiones
no son secretos para nadie;
los señores no se aproximan
a los que sufren quebrantos,
no hacen excepción con nadie,
¿quién podría decir
que ellos cuidan de nosotros?
esto no es consuelo
para nadie,
quédense tranquilos,
no hay contradicciones,
¿oyes la voz que dice
alégrense con los que están alegres;
lloren con los que lloran?
si alguno está alegre, alégrense con él;
si alguno está triste, acompáñenlo en su tristeza,
pero explíquenle bien la historia de Cassius Clay,
que cuando el campeón cae a la lona
se levanta bailando, sigue dando
y recibiendo golpes.

The Tenth Psalm

The workers clamour,
the gentlemen do not hear them,
they do not rid them of their anguish,
our demands,
our petitions
are no secret to anyone;
the gentlemen do not approach
those who suffer loss,
they make no exception for anybody.
Who could say
that they take care of us?
This is no consolation
for anyone,
stay calm,
there are no contradictions.
Do you hear the voice that says
rejoice with those who are joyful,
cry with those who cry?
If someone is happy, rejoice with him;
if someone is sad, accompany him in his sadness,
but tell him about Cassius Clay,
that when the champion falls to the floor
he gets up dancing, and keeps on
hitting and being hit.

Paraíso

El paraíso no se busca, ya se sabe dónde está,
debajo del dedo gordo, sin butacas especiales,
sólo una silla, donde se puede pescar
peces de oro y también
otros muy feos que llaman 'chalacos';
debajo de aquel magnífico dedo gordo,
cuando uno es cabro chico,
cabe también
toda la felicidad del mundo:
maderas podridas del muelle antiguo
donde dos personas pueden esconderse;
dejarse colgar de los pies en el precipicio
para impresionar a la amada,
es fama el amor que resulta;
en tiempos en que todo es sin mancha,
al tocar las aguas con las manos,
caen las bombas, se apaga la luz,
los niños de esta ciudad
por donde anduvo Cristo, desaparecen.

Paradise

You don't look for paradise, as you know where it is
right under your thumb, no reserved seats,
just one chair, where you can catch
goldfish and also
other really ugly ones they call 'gobies';
under that magnificent thumb,
when you're still a child,
you can also fit in
all the happiness in the world:
the rotten wood of the old pier
where two people can hide;
hang by your feet into the precipice
to impress your beloved,
and you'll get a lucky break.
In impeccable times,
when hands touch the waters,
bombs fall, the light goes out,
in this town, where Christ stayed,
the children disappear.

Caballeros

El afeitado de la barba
es un procedimiento delicado,
cualquier picadura de la hoja
de acero inoxidable,
por diminuto o invisible que sea,
puede causar un corte inesperado
y mientras uno se aplica
la crema espumosa, ambos
lados del rostro comienzan
a sangrar; lo que no se conoce
es el hilito de sangre
que divide en dos el espejo,
el oficio de un paño seco,
el rostro se cubre de fragancia,
y la piel arde como el culo del diablo.

Gents

Shaving
is a delicate process,
any chip on the blade
of stainless steel,
however tiny or invisible it is,
can cause an unexpected cut
and while you spread on
the frothy cream, both
sides of the face begin
to bleed; what is not widely known is
how the trickle of blood
divides the mirror in two,
the craft of applying a dry cloth,
of covering the face with perfume,
and the skin burning like the devil's arse.

Fábula de Polifemo

Después de preparar su cena
de víctimas que cayeran en sus manos,
se puso a comer con los dedos,
sin dejar ningún hueso, masticaba
con la boca abierta,
y tan pronto terminara
con su deleitante negocio,
en la puerta de su guarida
se puso a dormir – tal como
duermen los animales,
con sus víctimas en la barriga;
y como yo mismo
nunca he sido un héroe,
temblando de mis rodillas hasta el alma
busco apagar mi antorcha
en el ojo aguado del Polifemo.

The Fable of Polyphemus

After making dinner
out of the victims who fell into his hands,
he started to eat with his fingers,
leaving no bones, chewing
with his mouth open,
and as soon as he finished
this delightful business,
at the entrance to his den
he fell asleep
just like animals do,
with his victims in his stomach;
and since I myself
have never been one for heroics,
knees shaking and heart pounding,
I try to put out my torch
in Polyphemus' watery eye.

Siete sabios

para Ian Michael, medievalista y escritor galés

Siete sabios tengo en mi cabeza,
siete sabios que me aconsejan,
me dan instrucciones exactas
de cómo debo usar la máquina
de afeitar sin cortarme la cara;
de cómo hacer el nudo de la corbata
sin que el nudo quede hecho
un mamarracho;
siete sabios que me hablan sin hablarme
de asuntos que todos dan
por entendido, de cómo, por ejemplo,
se debe encender un bombillo
sin que el bombillo se queme,
y si la casa quedara a oscuras,
saber cómo ir de prisa
al tablero de control eléctrico,
según convenga, para subir o bajar la palanca;
siete sabios tengo en mi cabeza,
siete de los más antiguos,
siete voces que al hablar
hablan todos a la vez
como si los siete sabios
que tengo en mi cabeza
fueran siete en uno solo.

Seven wise men

for Ian Michael, Welsh writer and professor of Mediaeval Studies

I have seven wise men in my head,
seven wise men who advise me,
and give me exact instructions
about how to use the razor
to shave without cutting my face;
how to do up my tie
without making a mess
of the knot;
seven wise men who speak to me without referring
to issues that go without saying,
how, for example,
to turn on a light
without burning the bulb,
and, if there's a power cut,
how to rush
to the electric meter,
to raise or lower the lever, as appropriate;
I have seven wise men in my head,
seven of the oldest,
seven voices that when speaking
who all talk at once
as if the seven wise men
I have in my head
were seven in one.

Todos muertos

Un cazador que andaba
por el monte
en un árbol
halló un enjambre,
el cazador y su perro
bajaron a la aldea
para ofrecer el enjambre
a un mercader,
cayó al suelo una gota de miel,
una mosca vino volando
se posó en la gota,
vino el gato del tendero
mató la mosca,
el perro del cazador
dio un salto, mató al gato,
vino el dueño del gato
y mató al perro del cazador,
y el dueño del perro
mató al tendero,
entonces vino la gente
de la aldea local,
mataron al cazador,
después, vinieron
los vecinos
de la aldea del dueño del perro,
y en una cruel batalla,
por una gota de miel,
todos se mataron,
ninguno quedó vivo,
para contar esta historia.

All dead

A hunter who was out walking
in the hills
came across a swarm of bees
in a tree,
the hunter and his dog
went down to the village
to offer the bees
to a merchant,
a drop of honey fell to the ground,
a fly came buzzing in
and settled on the honey,
the shopkeeper's cat came
and killed the fly,
the hunter's dog
jumped up and killed the cat,
the owner of the cat came over
and killed the hunter's dog,
and the dog's master
killed the shopkeeper,
then people came
from the local village,
and killed the hunter,
then along came
neighbours
from the dog owner's village,
and in a cruel battle,
over a drop of honey,
they all killed each other,
so there was nobody left
to tell this tale.

Con Descartes

Con Descartes me digo: pienso, por tanto, me río,
esa es la gran cuestión, como si pasara
por mi cabeza una película
llena de chistes de monjas y curas,
de amigos
que al sentarse, viene otro,
le quita la silla;
lo primero es siempre lo primero:
no alcanzo a pensar dónde nació Descartes,
ya, me viene la risa;
como un canalla sin nombre,
tomo la torta, se la pongo en la cara;
racionalmente hablando,
delicado punto de partida,
cuando yo me río,
siento que pasa por mi cuerpo
toda la experiencia humana;
pero el placer de escribir poesía lírica,
como en los viejos tiempos,
se expresa mejor con una dentadura reluciente;
el que ríe antes de pensar, ríe dos veces;
cuando río, el agua piensa.

With Descartes

With Descartes I say to myself: I think, therefore I laugh,
that's the big question, as if going through my head
there were a movie full of jokes about nuns and priests,
about friends
who are just sitting down when another one comes along,
and takes the chair away;
first things first:
I cannot even get to think where Descartes was born,
when I burst out laughing;
like a rotten bastard,
I pick up the cake, and splatter it onto his face;
rationally speaking,
as a delicate starting point,
when I laugh,
I feel all human experience
pass through my body;
but the pleasure of writing lyric poetry,
like in olden times,
is best expressed with gleaming white teeth;
he who laughs before thinking, laughs twice;
when I laugh, water thinks.

Anoche en la ciudad

Se calcula que en esta ciudad
el 75 por ciento de sus habitantes
se entretiene por la noche
viendo televisión;
después de las 8,
nadie se ve en las calles,
pero las calles se ven a sí mismas,
limpiecitas,
aprenden que el peso del mercado
y de la usura
está en todas partes;
las calles de esta ciudad
a veces son crueles:
lanzan a sus vagabundos al río;
por temor a los suicidas
se prohíbe mirar el paisaje
desde el puente más alto;
las habitaciones de arriba
ven pasar por el cielo
los sueños incumplidos,
moviéndose como una mesa coja;
pero la gente se entretiene
viendo televisión:
ésta es la ciudad
que se ve a sí misma
volando en un caballo,
nadie ha podido hallar a su jinete.

Last night in the city

According to calculations, in this city
75% of the inhabitants
pass the time in the evenings
watching TV;
after 8, there's no-one
to be seen on the streets,
but the streets see themselves
as clean and tidy,
and learn that the market
and profiteering
prevail everywhere;
sometimes the city streets
are cruel:
they throw their tramps into the river;
for fear of suicides
it is forbidden to look at the landscape
from the highest bridge;
the top storey rooms
watch their shattered dreams
pass by in the sky
like a wobbly table;
but people pass the time
watching TV:
this is the city
that sees itself
flying by on a horse,
without anyone
being able to find the rider.

Siempre los cumpleaños son felices

Nadie debería comerciar
con la eternidad de los calendarios,
que sean los cumpleaños
sólo pretextos
para que uno pueda elevarse del suelo
por lo menos una vez en primavera,
para seguir peleando
con el campeón mundial
de todos los pesos;
¿no le ha pasado a usted lo que a mí?
una y otra vez
caigo al suelo,
con un ojo tapado
sigo la pelea,
otra vez caigo,
otra vez me levanto,
esa es toda la ciencia:
caer y volver a levantarse del suelo.

Birthdays are always happy

Nobody should trade
with the eternity of calendars,
birthdays
should just be a pretext
to get up off the floor
at least once in spring,
to continue the fight
with the world champion
in all weights;
Hasn't what happened to me happened to you?
Time and time again
I fall to the ground,
with a black eye
I continue the fight,
I fall again
and get up again,
that's all there is to it:
falling to the floor
and getting up again.

Ihesus Nazarenus

Tú que casi salvaste a un pueblo
entero del poder del faraón,
tú que sacaste a mi hermano Enrique del pozo de los leones,
tú, casi me ayudas con las cuentas del gas, la luz y el agua,
libra a mi hija de las garras
de los psiquiatras locos que la tienen encerrada
dentro de la barriga de un papagayo:

sopla al oído del juez
que este pobre enano que te implora
es un buen padre
que quiere salvar a su hija
del pozo de los leones;

libérala del faraón,
conviértela en Daniel,
haz que sus tormentos
se conviertan en lindas ovejas.

Ihesus Nazarenus

You who nearly saved a whole people
from the power of the Pharaoh,
you who got my brother Enrique out of the lions' den,
you, who nearly helped me with the gas, electricity and water bills,
free my daughter from the grip
of the crazy psychiatrists who have imprisoned her
in a parrot's belly:

whisper in the judge's ear
tell him that this poor little dwarf who is imploring you
is a good father
who wants to save his daughter
from the lions' den;

free her from the Pharaoh,
turn her into Daniel,
change her torment
into pretty little sheep.

Gritos espantosos

Antes que el mundo fuera creado
en treinta días y en treinta noches
– para que yo naciera
dentro de un cuerpo de carne y huesitos frescos,
mi madre se puso a dar gritos espantosos,
pero yo no sentía nada más que un placer profundo;
era como si yo mismo, embetunado en vaselina,
loco de amor,
me estuviese naciendo justamente
en el año treinta y ocho,
cuando entusiastas brigadistas
atravesaban cantando las fronteras;
yo no sé por
qué mi padre escuchando la radio
daba golpes con los puños en la mesa;
pero yo, tranquilo, tranquilo,
en medio de los gritos espantosos de mi madre,
seguía concentrado en lo mío:
poco a poco, nacieron mis huesitos.

Terrible screams

Before the world was created
in thirty days and thirty nights
– so that I was born inside a body
of fresh meat and bones,
my mother started screaming,
but I felt nothing but profound pleasure,
it was as if, covered in vaseline,
madly in love,
I were giving birth to myself, precisely
in nineteen thirty-eight,
when enthusiastic International Brigades
were crossing the borders singing;
I don't know
why my father was listening to the radio
and thumping on the table with his fists;
but I, quiet and calm,
in the midst of my mother's terrible screams,
was still focused on what was mine:
little by little, my tiny bones were born.

Árboles

Creo en los árboles,
más que en los perros o en los gatos,
por más espinas que tenga un árbol
estoy seguro que nunca
levantará una rama contra mí,
ni me atacará con sus hojas
para arañarme los brazos,
ningún árbol que conozco
es capaz de tirarme al suelo
y poner sus botas encima
de mis costillas,
ningún árbol se pinta la cara
para aparecer más brutal
que un ser humano;
no he visto ningún árbol
así desnudo, tronco, ramas y hojas
parándose delante de un espejo
para ver su belleza,
para admirar sus zapatos nuevos,
su traje recién comprado a crédito,
su reloj de oro, su corbata,
ningún árbol contemplándose
en el espejo tendrá la ilusión
de ser un hombre rico;
por eso creo en los árboles
más que en los perros o en los gatos.

Trees

I believe in trees,
more than in dogs or cats,
no matter how many thorns it has
I'm sure a tree will never
raise a branch against me,
nor attack me with its leaves
to scratch my arms,
no tree that I know
would throw me to the ground
and kick my ribs in
with its boots,
no tree paints its face
to look more brutal
than a human being;
I have not seen any tree
naked, trunk, branches and leaves
standing in front of a mirror
to take a look at its beauty,
to admire its new shoes,
its new suit bought on credit,
its gold watch, its tie,
no tree looking at itself
in the mirror will be under the illusion
that it's a rich man;
that's why I believe in trees
more than in dogs or cats.

Día imperfecto, pero casi feliz

Hoy es el día mundial de la imperfección divina:
otro octubre, otro noviembre
para graznar a pulmón abierto
una gran carcajada viene del cielo;
en vivo y en directo,
condenados sin condenas
a mirar el mundo por televisión:
en los jardines del real palacio
se ha visto rodar pasteles;
otro día imperfecto, pero casi feliz,
la reina y sus princesitas lucen
sus despeinados pasteles;
el tren nocturno atraviesa la ciudad,
de norte a sur es un dolor inmenso;
el tren nocturno desaparece;
los buzones rojos ya no reciben cartas;
mientras te amo como un gallo loco,
en esta torre toda desordenada,
la abeja: zumba
el águila: trompetea
el asno: resopla,
el becerro: berrea
el búfalo: brama
el búho: ulula
el caballo: relincha
el canario: gorjea
– en un día imperfecto, pero casi feliz,
esto es todo lo que pasa.

Not quite a perfect day, but almost a happy one

Today is the international day of divine imperfection:
another October, another November
to squawk at full blast
heaven roars with laughter;
broadcast live,
sentenced without conviction
to watch the world on television,
in the gardens of the royal palace
cakes have been seen rolling around;
another day that's not quite perfect, but almost happy,
the queen and her little princesses show off
their dishevelled cakes;
the night train crosses the city,
from north to south leaving enormous pain;
the night train disappears;
the red letterboxes no longer receive letters;
while I love you like crazy
in this messy tower,
the bee buzzes
the eagle shrieks
the ass brays
the calf bleats
the buffalo grunts
the owl hoots
the horse neighs
the canary warbles
– on a day that's not quite perfect, but almost happy,
that's the way it is.

De cómo la sociedad engorda

Desesperación y ruidos
hay en las agencias del gobierno:
aumentan por todas partes
personas milagrosamente hinchadas;
cada mañana al levantarme
me mido el culo,
cada vez está más hinchado;
voy a la farmacia,
verdulerías,
supermercados,
visito a los entendidos,
nadie me da convincente respuesta
de cómo resolver estos males;
aunque el mundo
de un momento a otro
reviente en pedacitos
es lindo ver
gordos y gordas
que no creen en el fin del mundo:
con mucha delicadeza
tornan sus cuerpos invisibles,
se hacen delgaditos como agujas,
a esta hora de la noche,
gordos y gordas,
peces en el agua, como dios manda,
desaparecen sólo por un rato.

About how society gets fat

There is despair and noise
in the government departments:
all over the place there's been an increase
in people becoming miraculously swollen;
every morning when I get up
I measure my ass,
it's more and more bloated all the time;
I go to the pharmacy,
greengrocers,
supermarkets,
I visit the experts,
nobody can give me a convincing answer
about how to solve these problems.
Although at any moment
the world will burst into pieces
it's nice to see
fat boys and girls,
who don't believe in the end of the world:
very delicately
they make their bodies invisible,
they become as thin as needles,
at this time of night,
fat boys and girls,
fish in the water,
disappear just for a little while,
as they should.

¿Qué pasaría?

¿Qué pasaría realmente
si un pie dijera al otro
'y tú de dónde saliste'?
¿qué pasaría al ser humano
si un ojo no quisiera ver
por el ojo del vecino?
si una mano se fuera
en fiera disputa con la otra mano
¿qué haría yo de quedar con cuatro dedos negros?
¿qué pasaría si la nariz se volviera
para decirme 'no quiero seguir
siendo tu nariz, quiero ser tu rodilla
suave, redonda, como la de una monja'?
y si hubiese nacido con la boca en el vientre,
vamos, ¿preguntaría el cuerpo al alma:
'le he visto a usted en otra parte?'
¿qué derecho tiene un pie
para decirle al otro:
'mira, tú, cabeza de huevo, no te quedes atrás,
marcha al mismo compás que tu hermano'?

What would happen?

What would happen really
if one foot said to the other
'And where did you come from?'
What would happen
to the human race
if one eye does not want to look through
the eye next door?
If one hand gets into
a fierce dispute with the other hand
what would I do, left with four black fingers?
What would happen if my nose turned round
to tell me 'I don't want to continue
being your nose, I want to be your knee,
soft and round, like nuns' knees'?
And if I had been born with my mouth in my belly,
come on, would the body ask the soul:
'Have I seen you somewhere before?'
What right has one foot
to tell the other:
'Look, you egghead, don't dawdle,
keep up with your brother'?

Texto que se escribe solo

Un texto que se escribe solo
se mira a sí mismo,
y a sí mismo se habla,
se critica, se compara con
otros textos vecinos y remotos,
se mira al espejo, arregla
el cuello, la corbata, se echa
el cabello para atrás,
guarda el peine en el bolsillo
trasero del pantalón,
sale a la calle, se oyen niños
que juegan a la guerra, manos arriba,
unos disparan, otros
conducen los tanques,
caen las murallas,
aplastan a sus moradores;
hoy es miércoles, día de casamientos,
ayer, de funerales;
el texto de cuello blanco,
como un vagabundo, sordo, ciego,
sin mirar a nadie, pasa indiferente.

Text that writes itself

A text that writes itself
looks at itself,
and talks to itself,
criticizes itself, compares itself with
other texts next door and far away,
looks in the mirror, arranges
its collar, its tie, smooths back
its hair,
puts the comb
in its back trouser pocket,
goes out, children can be heard
playing at war, hands up,
some shoot, others
drive the tanks,
the walls fall down
and crush the townspeople;
today is Wednesday, a wedding day,
yesterday was for funerals;
the white-collar text,
like a vagabond, deaf, blind,
without looking at anyone, passes by nonchalantly.

Oh, mi buena amada...

'*Pídele que exhiba aquello de lo que carece*'
Publio Ovidio Nasón

Oh, mi buena amada, nunca te pediré
que cantes para mí,
ni que bailes,
ni que lleves el compás
de los instrumentos con tus manos,
ni que hables por largo rato,
ni que hagas exhibición en público
de cómo se manejan los servicios en la mesa del anfitrión, no,
nunca te pediré que toques la guitarra,
ni que andes sobre una pista
donde otras damas delgadas y finas
muestran con cierta gracia y elegancia
los últimos trapos
que llevarán las pitucas en la próxima temporada,
no, nunca te pediré que te desnudes
para mí con las luces encendidas,
ni tampoco diré un chiste
para que rías y me muestres tu dentadura.
No. Siempre haré lo que tú me digas.
Por eso este poema permanecerá
siempre inédito, para que
no te avergüences si escribo
que tienes muchas otras virtudes
que guardo celosamente en secreto.

Oh, my best beloved...

'Ask her to display accomplishments she conspicuously lacks'
Ovid

Oh, my best beloved, I will never ask you
to sing for me,
nor to dance,
nor to follow the rhythm
of the instruments with your hands,
nor to talk for a long time,
nor to demonstrate in public
how cutlery is handled at the host's table, no,
I will never ask you to play the guitar,
nor to walk along a track
where other fine, slim ladies
show off with absolute grace and elegance
the latest posh rags
for the next season,
no, I will never ask you to undress
for me with the lights on,
nor will I tell a joke
to make you laugh and show your teeth.
No. I will always do what you tell me.
That's why this poem will always remain
unpublished, so that
you won't be embarrassed if I write
that you have many other virtues
that I jealously keep secret.

Aquellos grandes camiones que llevan camiones

Cada vez que mis ruedas de goma
sobrepasan los huecos
que han dejado los instaladores
de televisión por cable, mi pobre
cochecito da un brinco del diablo;
los grandes camiones para llevar camiones
se elevan al cielo,
entran por un túnel largo, penetran la luna;
con su preciosa carga,
llegan a una laguna azul
que luce y brilla como brazalete
en las muñecas de mis amigas;
los grandes camiones atraviesan
las peligrosas aguas del espacio selenita,
unos cuantos días más tarde,
aquellos grandes camiones
después de sobrepasar los huecos
que han dejado en la luna los instaladores
de las nuevas cañerías del gas,
del suministro de electricidad subterráneo
y de la televisión por cable
que suben al cielo,
los grandes camiones de cargar camiones
retornan vacíos a la tierra.

Them carrier lorries carrying lorries

Every time my rubber wheels
go over the holes
left by the cable TV
engineers, my poor old car
shakes like hell;
the carrier lorries carrying lorries
go up to the sky,
pass through a long tunnel, into the moon;
with their precious cargo,
they come to a blue lagoon
that lights up and sparkles like a bracelet
on the wrists of my girlfriends;
the huge lorries cross
the dangerous waters of selenite space;
a few days later,
those huge lorries,
after going over the holes
left on the moon by the engineers
laying new gas pipes,
underground electricity supply
and cable TV
that are to go up to the sky,
them carrier lorries for carrying lorries
return to earth empty.

Instrucciones para abrir una puerta

Lo primero es lo primero:
ha de haber una puerta,
una chapa, una llave,
y un individuo buscando
en los bolsillos la llave;
con dos dedos la pincha,
la introduce de punta
en el ojo de la chapa,
delicadamente hace girar la llave;
si la puerta a la primera no afloja,
saque la llave y vuelva a introducirla de punta;
si la chapa no cediera,
con los ojos cerrados
métala y tuércela delicadamente,
una y otra vez;
puede que la puerta en cuestión
nunca haya sido abierta,
o que de tantas veces
que esa llave ha ido
al ojo de la chapa
por imperfección del metal,
se encuentre gravemente dañada;
o puede ser que la llave en cuestión
sea la llave de la chapa de otra puerta,
o quizá usted no haya aplicado
las palabras esenciales
de un usuario para dirigirse a una chapa:
'de todas las chapas
que existen en el mundo, mija linda,
tú eres la más bella',
puede que la puerta se abra sola.

Instructions on how to open a door

First things first:
there has to be a door,
a lock, a key,
and an individual
looking for the key
in his pocket;
holding the key with two fingers
insert the end
into the keyhole
and turn it gently;
if the door does not loosen up straight away,
take out the key
and insert the end again;
if it still doesn't work,
close your eyes,
put it in and turn it gently
again and again;
it may be that the door in question
has never been opened before,
or that because that key
has been used in that keyhole
so many times,
it's seriously damaged
due to flaws in the metal;
or it may be that the key in question
is the key to the lock on another door,
or perhaps you did not use
the requisite words
that a keyholder must use
when addressing a lock:
'out of all the locks
in the world, darling,
you are the most beautiful',
and the door may open all by itself.

A pesar del buen trato

A pesar del buen trato que le daban
las sabias cantigas,
la gente confundía todo,
'están cayendo códices medievales',
y para saber de qué se trataban,
la gente pasa la lengua sobre los papeles,
'son manuscritos del rey Alfonso el Sabio',
[de lejos se veía venir su barba blanca,
y su libro de jugar al ajedrez, que hizo pensar
de monarcas y príncipes, 'un quita y pon una silla']
mucho antes del descubrimiento del Estrecho de Magallanes,
de la Guerra del Pacífico, y de la revolución del 91,
estos montes, casitas una encima de la otra,
sin mostrar sus profundas heridas,
de la cabeza a los pies, como si estuviera nevando,
caían los libros raros,
que al tocar el suelo reventaban en letras góticas,
láminas iluminadas,
que hasta ahora sirven para llenar de humo
la cabeza de la gente.

Despite being very highly spoken of

Despite being very highly spoken of
in the songs of the sages
people still got it all wrong
'it's raining mediaeval codices',
and to try to find out what it was all about
people lick the paper,
'they're manuscripts of King Alfonso the Wise'
[from a distance you could see his white beard,
and his book about chess,
which made people think about monarchs and princes
and musical chairs]
long before the discovery of the Magellan Straits,
the War of the Pacific or the Revolution of 1891,
these hills, little houses one on top of the other,
didn't let anyone see their gaping wounds,
from top to toe, as if it were snowing,
they covered themselves in strange books,
which upon touching the ground
burst into little Gothic letters,
illuminated manuscripts
which still today
fill people's heads with smoke.

Me monté una vez en un asno

Me monté una vez en un asno
Rumbo a la Basílica de San Pedro,
madre, hermanos, y todos los hijos de éstos,
andando iban tras de mí, con sus pies en el charco,
'mire, joven, por qué no
le da usted la silla a su parentela, pobrecitos'
esperaban de mí
un gesto galante,
qué desilusión, sin mirar atrás,
no quería perder el camino
que me llevaba a Roma,
y cuando me aprestaba para entrar
en la Basílica de San Pedro, mire, oiga:
me encontré con la noticia
de que el Papa ya había muerto;

en el mismo asno en que viajaba,
emprendí el famosos viaje del retorno,
y fue la misma broma: en cada pueblo que llegaba,
santo idiota, la gente pedía a gritos
que me desmontara de la silla.

Once upon a time I rode an ass

Once upon a time I rode an ass
on the way to St Peter's Basilica,
with mother, brothers and sisters, and all their children,
walking along behind me with their feet in the mud,
'look, young man, why don't you
give up the saddle to your relatives, poor things',
they wanted me
to make some gallant gesture,
it was so disappointing, without a backward glance,
I didn't want to get lost
on the way to Rome,
and just when I was going into
St Peter's Basilica, you'll never guess:
I was told
the Pope was dead;

on the same ass I'd come on
I started the return journey,
and it was the same old thing in every village I came to,
bloody idiot, people shouting at me
to dismount.

El amor diome con mesura respuesta a mis cuitas

Yo, el arcipreste de ninguna parte, que una vez
el amor tuve en la palma de la mano,
si era una luz, el amor no era una luz;
si era una flor, el amor no era una flor;
si un tierno caballo con suaves crines al viento,
no lo era; si conocieras al gran Ovidio,
hallarías en sus fablas
lo que antes saliera en mis versos,
si buscas dueña para buen amor, primero
has de escoger, como todo débil humano, la más fermosa,
que no sea ni muy luenga, ni muy enana;
cabeza pequeña, cabellos
amarillos que pueda yo quitar el lazo,
cejas apartadas; ojos grandes; menudas,
delgadas orejas, que su cara no tenga pelos,
y que si miente de capricho, que mienta,
que mintiendo muy fermoso
haga hervir mejor las ollas.

Love gaveth me a judicious answer to my sorrows

I, the Archpriest of nowhere, who once
held love in the palm of my hand,
if it was a light, love was not a light;
if it was a flower, love was not a flower;
if it was a gentle horse, with its soft mane flying in the wind,
it wasn't that either: if you were to read the great Ovid,
you would find in his works
what used to be in my verse,
if you are looking for a lady for fine love, firstly
you need to choose, like any weak human being,
the most winsome one,
not too lanky, and not too short;
a small head, with yellow
hair from which I can untie the ribbon,
eyebrows separated; big eyes; tiny,
delicate ears, no hairs on her face,
and if she tells a lie on a whim, let her lie,
thus by lying very graciously
she brings the saucepan better to the boil.

El vuelo de Alexander

el Superman de la Edad Media

Se hizo tan chiquito
como pepita de ají
volaba dando tumbos por el viento,
montado en un águila
tan alto volaba
por el este i por oeste
todo el cielo exploró
montado en un águila
lo que era i lo que iba a ser
sobre las estrellas,
las estrellas conociera
i las fronteras de la tierra i del mar
montado en un águila
Alexander volaba
más arriba
de la cima de todos los montes,
sobre la mar,
sobre la tierra
de un golpe
con una sola mirada
todo le fue conocido.

The flight of Alexander

the Superman of the Middle Ages

He became as tiny
as a chilli pepper seed,
tumbling about in the wind,
riding on an eagle
flying so high
he explored the whole sky
eastwards and westwards
riding on an eagle
what was and what was to be
above the stars,
he got to know
the stars
and the far frontiers of land and sea
riding on an eagle
Alexander flew
high
above the top of all the mountains,
over sea and land
and got to know it all
in one fell swoop.

Exterminio

El maligno ordenaba al mar traidor:
'ahora hay que invadir las iglesias'
y el mar, que se levantaba
con su cara de perro
rompía las puertas de los templos,
traspasaba más allá de los altares,
arrastraba con sus aguas turbias
a las vírgenes
y a los santos;

los santos hechos de palo,
al día siguiente
amanecieron flotando en la bahía,

y los que fueran
hechos de piedra o de hierro
vírgenes o no vírgenes,
santos o no santos,
por pintarse los labios,
por hablar con delicadeza,
por ser diferentes,
los metían en sacos de papa,
los fondeaban
en el mar.

Extermination

The evil one ordered the treacherous sea
'now to invade the churches'
and the sea rose up
with its hideous face
breaking down the doors of the temples,
crossing behind the altars,
dragging along
virgins and saints
in its muddy waters;

the next morning
the wooden saints
turned up floating in the bay,

and the ones made of
stone or iron
virgins and non-virgins
saints and non-saints,
for painting their lips,
for speaking softly,
just for being different,
got put in potato sacks,
and thrown
into the sea.

Estadística

El día amanece de marrón
con graves fracturas en el cráneo,
las aguas turbulentas
se llevan las casas al mar,
flotando a los pies de ningún testigo,
todos los ríos mueven las cosas,
la refinería, el botadero de coches;
una cabeza de cerdo
retrasa el paso por el puente;
cuando los automóviles se resecan,
un desconocido encañona
con una pistola a un refugiado;
las joyas más hermosas de la tierra,
con sus piernas blancas cierran las puertas;
la noche de piedra
irrumpe en la habitación
donde dormían varios hombres;
el viento apresura la caída de las hojas;
mientras alguien amablemente
conduce un coche,
me tomo una cerveza fría;
los burócratas que observan nuestro paso
en las cámaras de vigilancia,
recurren a las estadísticas:
por cada dos horas y media
alguien, sin rostro ni apellido,
recibe otro puñetazo en la cara;
así, de puñetazo en puñetazo,
otro refugiado cae
con un balazo en una pierna.

Statistics

The day dawns brown
with serious fractures of the skull,
the turbulent waters
carry the houses out to sea,
floating at the feet of no witness,
all rivers move things,
the refinery, the scrapyard;
a pig's head
delays the traffic over the bridge;
when the cars dry out,
an unidentified person
points a gun at a refugee;
the most beautiful jewels on earth
close the doors with their white legs;
the stony night
bursts into the room
where several men were sleeping;
the wind speeds up the falling leaves;
while someone kindly
drives a car,
I drink a cold beer;
the bureaucrats who watch our every step
with surveillance cameras,
resort to statistics:
every two and a half hours
someone, faceless and nameless,
gets another punch in the face,
just as, punch after punch,
another refugee falls,
shot in the leg.

Observaciones científicas de moscas

Observaciones científicas
dan cuenta del hallazgo de ciertos
raros hábitos sexuales en alguna moscas,
a saber:

1. hay algunas moscas
   que eligen sus parejas
   entre moscas machos con
   alas y abdomen más vistosos,
   en lo posible, con la cola larga;
2. hay moscas adúlteras
   que habiendo recibido el semen
   de varios machos, ellas mismas
   abortan los huevos
   de aquellos machos que
   en el acto de la copulación
   no les parecieron muy simpáticos;
3. hay moscas frías y calculadoras
   que seleccionan y fertilizan solamente
   los huevos del macho elegido;
4. también se ha observado
   que existen moscas machos agresivas:
   que durante todo el período de fertilización
   se pegan encima de las moscas hembras
   para evitar que vengan otros moscos
   mezclando su semen fertilizante;
5. las moscas no tienen pestañas,
   pero las moscas de los burros
   pueden reflejar en sus ojos el arco iris.

Scientific data concerning flies

Scientific data
obtained reveal certain
unusual sexual habits of some flies,
namely:

1. there are some flies
    that choose their partners
    from the male flies with
    the most colourful wings and abdomen,
    if possible, with a long tail;
2. there are adulterous female flies
    that having received the semen
    of several males, arrange
    to abort the eggs
    of those males that
    in the act of copulation
    did not seem very nice;
3. there are cold, calculating flies
    that select and fertilize only
    the eggs of the chosen male;
4. it has also been observed
    that there are aggressive male flies
    who throughout the entire fertilization period
    stick on top of female flies
    to prevent other flies from coming in
    and mixing in their fertilizing semen;
5. flies have no eyelashes,
    but the donkeyfly
    can reflect the rainbow in its eyes.

El burro a la mosca

Quién es?
el burro de las moscas,
pase, pase, ¿en qué puedo servirle?
que me devuelva
el arco iris
que dejé en una sus alas.

The donkey to the fly

Who is that?
The donkey with the flies.
Come in, come in, what can I do for you?
Give me back
the rainbow
I left on one of your wings.